まちごとチャイナ

はじめての広東省

Guangdong 001 Guangdong

珠江デルタ
と開平

Asia City Guide Production

【白地図】広東省

CHINA
広東省

CHINA
広東省

【白地図】広州と珠江デルタ

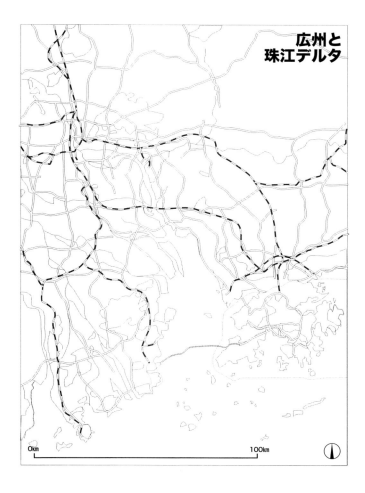

【白地図】広州

CHINA
広東省

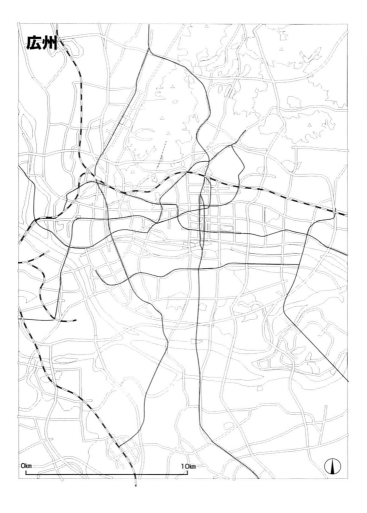

【白地図】広州中心部

CHINA
広東省

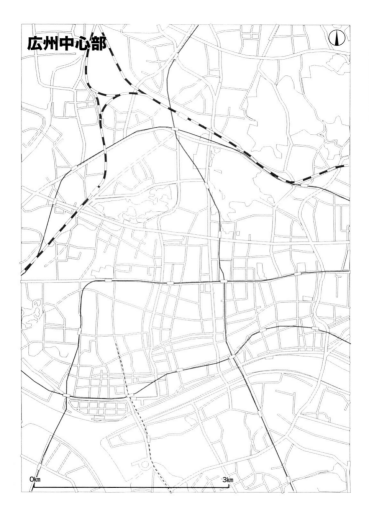

【白地図】深圳

CHINA
広東省

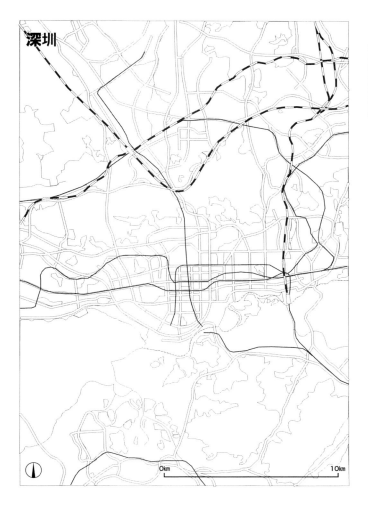

【白地図】東莞

CHINA
広東省

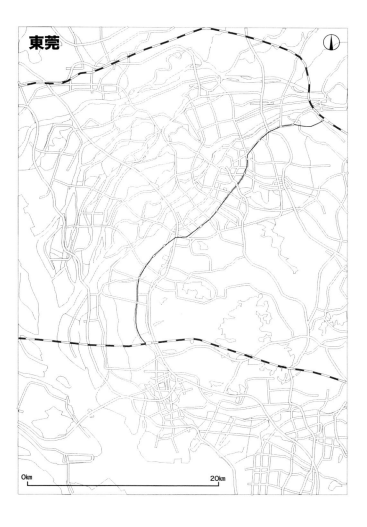

東莞 Guangdong 白地図

【白地図】開平望楼群

CHINA
広東省

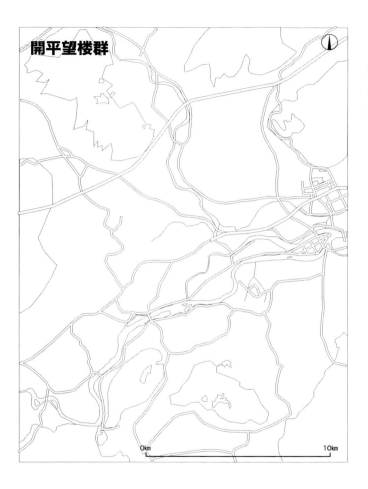

【まちごとチャイナ】
広東省 001 はじめての広東省
広東省 002 はじめての広州
広東省 003 広州古城
広東省 004 天河と広州郊外
広東省 005 深圳（深セン）
広東省 006 東莞
広東省 007 開平（江門）
広東省 008 韶関
広東省 009 はじめての潮汕
広東省 010 潮州
広東省 011 汕頭

CHINA
広東省

　中国東南沿岸部に位置し、香港、マカオといった特別行政区に隣接した広東省。首都、北京からはるか南方に位置し、南海にのぞむこの地域では古くから中原とは異なった独特の文化、言語、気風が育まれてきた。

　華中と華南をわける嶺南山脈の南では、亜熱帯性の気候が広がり、ガジュマルなどの植生が見られる。また「南船北馬」の言葉に象徴されるように、張りめぐらされた河川による水路が利用され、人々は稲を植え、魚を食してきた。

广东省 guǎng dōng shěng
グゥアンドンシェン
珠江デルタと開平

Guang Dong Sheng

　このような環境をもつ広東省の省都が広州で、西江、北江、東江の3つの珠江水系が集まる地に開けたこの街は、2000年以上持続する中国有数の大都市として知られる。また南海へ続く地の利から歴史的に海上交易が盛んで、多くの人が海を渡って華僑となった。1978年以降の改革開放では広東省はその最前線となり、この地域の諸都市は他の中国の街に先駆けて経済成長を遂げることになった。

【まちごとチャイナ】

広東省001 はじめての広東省

目次

はじめての広東省……………………………………………xvi

中国南方の熱烈世界…………………………………………xxii

広州城市案内…………………………………………………xxx

深圳城市案内 …………………………………………………lii

東莞城市案内 …………………………………………………lix

開平城市案内…………………………………………………lxvi

粤から珠江デルタへ …………………………………………lxxiv

【MEMO】

【地図】広東省

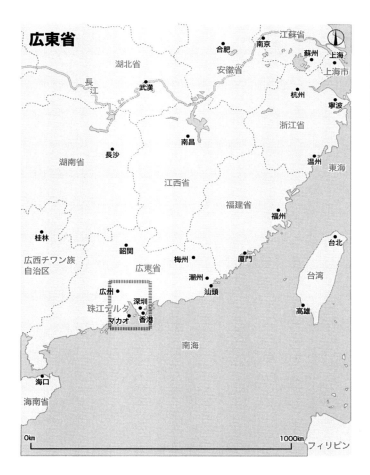

中国
南方の
熱烈世界

CHINA
広東省

網の目のように走る支流をもつ珠江
この珠江の土砂が運んでできた河口部には
扇を描くように都市がならぶ

珠江デルタとは

華南を潤す珠江は西江、北江、東江などの支流からなり、広州に向かって集まり、やがて虎門など8つの門から南海へそそぐ（西江や北江といった名前は広州から見てそれぞれの方角から流れてくることによる）。この珠江河口部の東岸に香港、その対岸の西岸にマカオがあり、ちょうど広州を頂点としてデルタ地帯をつくっている。広州は古くから珠江水系を利用した華北と南海を結ぶ交易拠点で、中国との交易拡大をのぞむポルトガルやイギリスはこの広州の近くにマカオ、香港を獲得した。20世紀になって飛躍的な経済発展を見せた

▲左　広州の新たな経済センター、天河地区。　▲右　香港の双子都市として発展してきた深圳

香港が意識され、1980年、香港に隣接する深圳に経済特区がおかれた。深圳は驚異的な発展を見せ、その流れは東莞、広州、仏山、江門など珠江デルタの街へと波及し、今では巨大な華南経済圏をつくっている。

華僑を生んだ土地

「中国の南大門」と呼ばれる広州は紀元前3世紀の始皇帝の時代以前から南海交易の中心だったところで、唐代には中国との交易を扱う10万人ものイスラム系をはじめとする外国商人がいたと言われる。広東省は海を通じて外部世界と中国

CHINA
広東省

が交わる場所となっていて、航海技術が発展した10世紀の宋代以降、広東省から多くの華僑が東南アジアへ渡った。また広州西南の四邑と言われる地域は、人口爆発、この地の戦乱、香港に近い立地などから、19世紀にアメリカのゴールドラッシュ、大陸横断鉄道の工事をになう労働力を輩出し、それらの人々はお金をため、望楼を建てることで故郷に錦をかざった（黒人奴隷が廃止されると、中国人やインド人がその代わりの労働力となった）。こうした事情から華僑が暮らす世界中のチャイナタウンで広東語が使われている。

▲左　広東省の街角で見かける涼茶、飲んで身体を冷やす。　▲右　深圳の羅湖区、改革開放路線が生んだ街

Guangdong　中国南方の熱烈世界

宗族が息づく世界

中国東南沿岸地帯に位置する広東省や福建省は、宗族の観念が強く残る地域として知られる。宗族とは共通の祖先から枝わかれした父系集団を指し、開平の望楼や広東省山間部にある客家の囲屋では宗族がひとつの住宅に集住している（広州の陳家祠は、この地域の陳姓をもつ人々によって建てられた祠堂）。そこでは建物の中心に祖先をまつる祠堂がおかれ、教育や相互扶助などが行なわれるなど、宗族の結びつきが強いぶん、歴史的に異なる宗族同士が武器をもって闘う械闘と呼ばれる争いも絶えなかった。また海を渡った華僑のひとり

CHINA
広東省

が成功すると、その一族を呼び寄せるといった、海を越えた強い宗族ネットワークが維持されてきた。

広東料理の本場

広東料理は、北京料理、上海料理、四川料理とならぶ中国四大料理のひとつで、あっさりとした味つけ、素材を生かした調理方法で知られる。ヘビやうさぎ、熊や猿など野味を食する習慣もあり、「4 本足は机以外、飛ぶものは飛行機以外食べる」と言われるほど豊富な食材をもつ。また広東省では、朝からお茶を飲みながら点心をつまむ飲茶が普及していて、

▲左　世界遺産に指定されている開平の望楼群。　▲右　「食は広州にあり」広東料理

食やお茶への強いこだわりが見られる。こうしたところから数ある中国地方料理のなかでも「食在広州（食は広州にあり）」という言葉でたたえられ、広州に近い深圳や香港でも美食が味わえる。そのほかにも海の幸をふんだんに使った潮州料理、古い北方の味を今に伝えるという客家料理の店も広東省の代表的な料理となっている。

【地図】広州と珠江デルタ

【地図】広州と珠江デルタの［★★★］
- □ 広州 广州グァンチョウ
- □ 深圳 深圳シェンチェン
- □ 開平（江門）开平カイピン

【地図】広州と珠江デルタの［★★☆］
- □ 東莞 东莞ドンガン

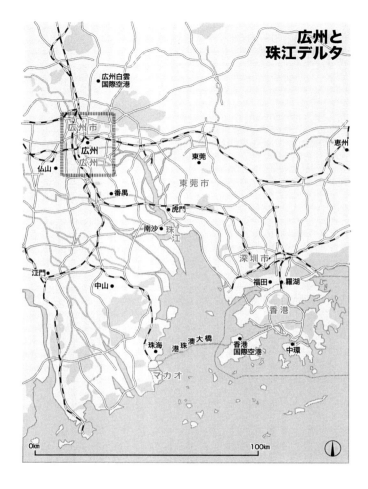

Guide, Guang Zhou
広州
城市案内

CHINA
広東省

広東省の省都、広州
珠江のほとりに立つ歴史ある都で
北京、上海とならぶ華南最大の街

広州 广州 guǎng zhōu グァンチョウ ［★★★］

2000年以上に渡って南海交易の中心地として知られてきた華南最大の街、広州。古代、広州一帯には百越と呼ばれる漢族とは異なる南方の原住民が暮らし、漢族との混血が進むなかで広東人が形成された。この広東人が暮らす広州では南方特有のおおらかな気風、広東語で演じられる粤劇など特徴ある伝統を残している。また歴史的にこの街は紀元前3世紀の始皇帝の時代以前から、南方の象牙や香料が集散され、海路で中国を訪れた人々がまずたどりつく中国の南大門であった。唐代にはイスラム商人が蕃坊と呼ばれる区画をつくり、

広州城市案内 | Guangdong

明清代には中国に進出してきた西欧人が街の南の一角に拠点を構えていた(広州に近いマカオや香港が植民都市となった)。越秀山の南側が伝統的な広州の街で、その東側に新市街の天河が整備され、かつて郊外だった北の花都、東の黄埔、南の番禺などが拡大する市街との一体化を見せている。

CHINA
広東省

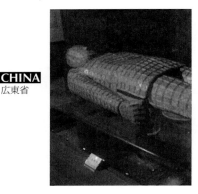

▲左　南越国の文帝がまとっていたという絲縷玉衣。　▲右　亜熱帯の気候、亜熱帯の植生

西漢南越王墓博物館 西汉南越王墓博物馆
xī hàn nán yuè wáng mù bó wù guǎn
シィハンナンユエワンムゥボォウゥガン ［★★☆］

紀元前207〜前111年に広州を中心に版図を広げていた南越国の王墓が発見された象崗山。この象崗山に立つ西漢南越王墓博物館には、1983年に発見された南越の第2代文帝の石室墓や、王の遺体をまとっていた絲縷玉衣のほか、「文帝行璽」の金印など、古代越世界の青銅器や玉が展示されている。南越国があった時代、中原は漢（西漢）がおさめていたために西漢南越王墓博物館の名前で呼ばれる。

【MEMO】

【地図】広州

【地図】広州の [★★★]
- ☐ 広州 广州グァンチョウ

【地図】広州の [★★☆]
- ☐ 越秀公園 越秀公园ユェシゥゴンユェン
- ☐ 中山記念堂 中山纪念堂チョンシャンジィニェンタン
- ☐ 沙面 沙面シャアミィエン
- ☐ 天河 天河ティエンハァ
- ☐ 広州タワー 广州塔グァンチョウタァ

【地図】広州の [★☆☆]
- ☐ 珠江 珠江チュウジアン

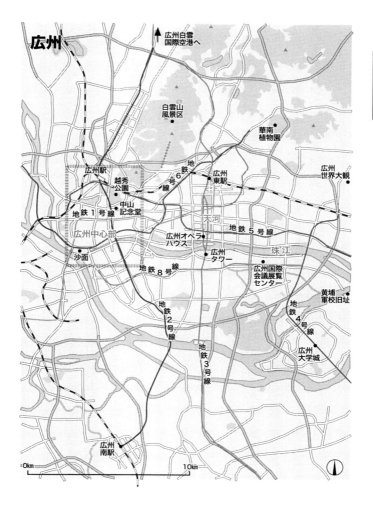

【地図】広州中心部

【地図】広州中心部の [★★★]
- [ ] 広州 广州グァンチョウ

【地図】広州中心部の [★★☆]
- [ ] 西漢南越王墓博物館 西汉南越王墓博物馆 シィハンナンユエワンムゥボォウゥガン
- [ ] 越秀公園 越秀公园ユェシゥゴンユェン
- [ ] 中山記念堂 中山纪念堂チョンシャンジィニェンタン
- [ ] 光孝寺 光孝寺グアンシャオスー
- [ ] 上下九路 上下九路シャンシャアジウリュウ
- [ ] 沙面 沙面シャアミィエン

【地図】広州中心部の [★☆☆]
- [ ] 陳家祠 陈家祠チェンジァアツー
- [ ] 六榕寺 六榕寺リィウロンスー
- [ ] 懐聖寺 怀圣寺ファイシェンスー
- [ ] 珠江 珠江チュウジアン
- [ ] 北京路 北京路ベイジンルゥ
- [ ] 西関大屋 西关大屋シィガンダァウー

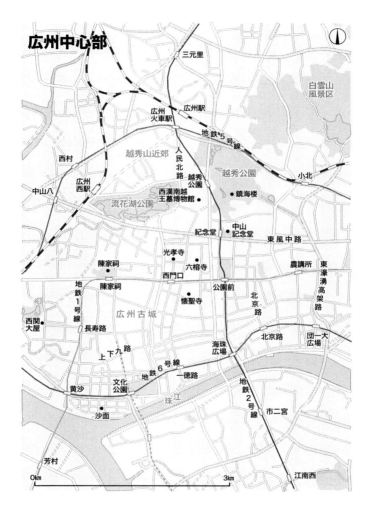

【MEMO】

CHINA
広東省

▲左　ケバブを売る回族の人、息づくイスラム教の伝統。　▲右　稲穂をくわえた巨大な羊、五羊仙庭

越秀公園 越秀公园 yuè xiù shān gōng yuán
ユェシゥゴンユェン［★★☆］

広州市街を見渡す越秀山を利用してつくられた越秀公園。「五嶺以南第一楼」とたたえられる明代に建てられた鎮海楼（現在は広州博物館）、孫文を記念して建てられた高さ37mの中山記念碑、この街が飢饉にあったとき、5人の仙人が稲穂をくわえた5匹の羊に乗り、天から降りてきたという故事にちなむ五羊仙庭（石像）などが見られる。

CHINA
広東省

中山記念堂 中山纪念堂 zhōng shān jì niàn táng
チョンシャンジィニェンタン [★★☆]

越秀公園の南麓に広がる「中国革命の父」孫文を記念した中山記念堂。ここは1911年に起きた辛亥革命以後、孫文の総督府がおかれていた場所でもあり、孫文の死後、青い屋根瓦、八角形プランをもつこの建物が建てられた。孫文がスローガンとした「天下為公（天下を公となす）」の額がかかげられ、その前には孫文の銅像が立つ。また記念堂西側には孫中山記念館がおかれ、孫文にまつわる展示が見られる。孫文は日本での亡命中に中山樵と名乗っていたことから、尊称として孫

▲左　越秀公園の鎮海楼、博物館として開館している。　▲右　広州は孫文らが王朝を打倒の拠点にした革命の街でもある

中山が使われ、英語では字（あざな）の逸仙の南方音から「サンヤットセン」と呼ばれる。

陳家祠 陈家祠 chén jiā cí チェンジァアツー ［★☆☆］

19世紀末の清代、広東省に暮らす陳姓の人々が、一族共通の祠堂として建てた陳家祠。広東省最大規模の宗祠で、大小19の書院がならぶ。敷地内は、色鮮やかな瑠璃博、木彫り、塑像などの装飾がほどこされ、民間工芸の水準の高さを感じられる。

CHINA
広東省

光孝寺 光孝寺 guāng xiào sì グアンシャオスー ［★★☆］
光孝寺は禅の第六祖慧能にゆかりのある嶺南仏教の総本山で、広東省屈指の古刹として知られる。もともとこの地には紀元前2世紀、南越国の第5代趙建徳の王宮があったとされ、三国時代には呉の官吏虞翻の屋敷となり、その死後、仏教寺院になった。東晋の4世紀以後から隋唐代にかけて、南海経由で広州に訪れたインド人仏教僧がこの寺を拠点としたという歴史もある。宋代の伽藍様式をもつ敷地内では、慧能の名前がつけられた六祖殿、967年に鋳造された中国でも最古級の鉄塔として知られる東西鉄塔などが見られる。

▲左　共通の祖先をまつる陳家祠。　　▲右　由緒正しい仏教寺院の光孝寺

六榕寺 六榕寺 liù róng sì リィウロンスー ［★☆☆］

高さ57m、九層の美しい花塔が立つ六榕寺。梁の武帝の時代（537年）にカンボジアから運ばれた仏舎利をおさめるために創建された（仏塔には、ブッダの遺灰が安置された）。花塔を中心に大雄宝殿、観音殿などが残り、巨大な銅像が見られる。六榕寺という名前は、宋代の官吏蘇東坡がこの寺の敷地に咲いていた6本の榕樹（ガジュマル）をたたえたことにちなんで明代に名づけられた。

CHINA
広東省

懐聖寺 怀圣寺 huái shèng sì ファイシェンスー ［★☆☆］

唐代の 627 年に創建された歴史をもつイスラム教寺院、懐聖寺。唐代、中国との交易を行なうため、多くのイスラム商人が広州で暮らしていて、それらの人々の信仰の場となってきた（蕃坊という区画で居住し、やがて中国化した人々は回族と呼ばれるようになった）。道路に面して高さ 36.6m の円型ミナレットが立ち、古く灯台の役割を果たしていたことから、このミナレットは「光塔」と呼ばれる。

▲左　ライトアップされた夜の上下九路。　▲右　空へ伸びる六榕寺の花塔

上下九路 上下九路 shàng xià jiǔ lù
シャンシャアジウリュウ ［★★☆］

広州古城の南側を東西に走る上下九路。騎楼と呼ばれるアーケード状の建築様式をもつ道路の両脇にずらりと店舗がならぶ。広州酒家、蓮香楼などは広州を代表する老舗として知られる。

珠江 珠江 zhū jiāng チュウジアン ［★☆☆］

中国華南を潤す珠江。広州に向かって流れてくる西江、北江、東江などの支流からなり、最長の西江は2129mの全長をも

つ。珠江という名前は、広州城の南に海珠と呼ばれる砂州があったことにちなみ、南海へ続くこの流れが広州を2000年以上に渡って繁栄させてきた。

沙面 沙面 shā miàn シャアミィエン［★★☆］
広州旧市街の南、珠江に浮かぶ楕円形の島、沙面（東西900m、南北300mからなる）。ここは清代、中国との交易を行なう外国の商館がおかれていたところで、現在も西欧風建築が見られる。当時、外国との交易は広州一港に限定され、交易の季節以外は西欧人はマカオに居を構えていた（カント

▲左 広東省の省都広州には世界中の企業が集まる ▲右 アヘン戦争以前、貿易は広州でのみ認められていた、沙面にて

ン体制)。原則として外国人がこの島を出ることは許されず、広州とは橋1本でつながっていたという。

北京路 北京路 běi jīng lù ベイジンルゥ ［★☆☆］

北京路は、広州中心部を南北に走るこの街を代表する繁華街。夜遅くまで多くの人でにぎわいを見せる。

CHINA
広東省

西関大屋 西关大屋 xī guān dà wū
シィガンダァウー ［★☆☆］

かつて城壁で囲まれていた広州城外の西側の地域は、西関と呼ばれていた。清代、この地には珠江を使った交易で巨利を築いた商人たちの邸宅が建てられた。それらの建物は西関大屋と呼ばれ、華南の気候にあわせた古民家として保存されている。

天河 天河 tiān hé ティエンハァ ［★★☆］

広州旧市街の東に位置する天河は、20世紀末になってから

▲左　高層ビルがならぶ天河地区。　▲右　そびえる広州タワー、高さ600m

整備が進んだ新市街でこの街の新たな政治、経済、文化の中心となっている。珠江にのぞむように広州国際金融センター、広州オペラハウス、広東省博物館新館などが位置する。

広州タワー 广州塔 guǎng zhōu tǎ
グァンチョウタァ [★★☆]

珠江の南にそびえる高さ600mの広州タワー。展望台からは広州市街が見渡せるほか、夜はライトアップされる。ちょど腰の部分が細くなっていることから、「小蛮腰（くびれたウエスト）」の愛称をもつ。

【MEMO】

CHINA
広東省

**Guide,
Shen Zhen**

深圳
城市案内

CHINA
広東省

香港に隣接する深圳
1978年に唱えられた改革開放以降、急速な発展を見せ
わずか30年で中国を代表する都市に成長した

深圳 深圳 Shēn zhèn シェンチェン ［★★★］

深圳河をまたいで香港新界に隣接する深圳。ここは1980年に経済特区に指定されるまで、ほとんど何もない農村地帯が広がり、香港への越境を試みる人の姿もあった。この街は、資本主義諸国の制度や企業を呼び込むことで経済発展を進める改革開放の最前線となり、世界史上類を見ない速度で都市が発達した。現在は、高層ビルがならび、広州、香港とともに華南経済圏の核をなす巨大都市となっている。

▲左　人々が行き交う東門歩行街、羅湖区にて。　▲右　改革開放を進めた鄧小平の画像

羅湖 罗湖 luó hú ルゥオフゥ ［★★☆］

香港の九龍半島と広東省の省都広州を結ぶ九広鉄路の駅、また多くの人々が行き交う羅湖口岸が位置する羅湖。ここは20世紀、香港から広州へいたる中国側の窓口だったところで、深圳経済特区のなかでも最初期から開発がはじまった。繁華街の東門歩行街、高さ442mの京基100、また高さ384mの地王大厦といった超高層ビルが立つほか、1978年に改革開放を唱えた鄧小平の看板が見られる鄧小平画像広場も位置する。

【地図】深圳

【地図】深圳の [★★★]
- [ ] 深圳 深圳シェンチェン

【地図】深圳の [★★☆]
- [ ] 羅湖 罗湖ルゥオフゥ
- [ ] 福田 福田フゥティエン

CHINA
広東省

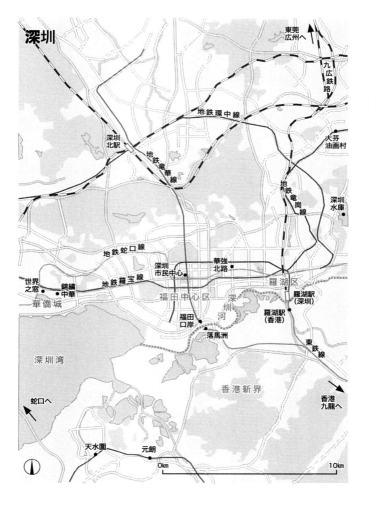

CHINA
広東省

福田 福田 fú tián フゥティエン ［★★☆］

想像を超える速度で発展を見せた深圳で、羅湖の西側に新都心として整備された福田区。この街の象徴的な建物である深圳市民中心、深圳博物館新館が位置するほか、皇崗口岸、福田口岸を通じて香港側との往来も多い。

▲左　中国全土から名所を集めた錦繡中華。　▲右　人の往来が激しい香港との口岸

南山 南山 nán shān ナンシャン ［★☆☆］

深圳湾につき出した南頭半島へと続く南山区。観光客を呼び込むためにつくられた錦繡中華（中国各地の遺跡や建物のミニチュアがならぶ）、世界の窓（エッフェル塔やピラミッドのミニチュアが見られる）などのテーマパークがある。

Guide, Dong Guan
東莞
城市案内

深圳と広州のあいだに位置する東莞
この街は深圳を追うように経済発展を見せるほか
珠江河口部の虎門鎮はアヘン戦争の舞台にもなった

東莞 东莞 dōng guǎn ドンガン ［★★☆］

東莞は、1980年に経済特区に指定されて以来、驚異的な成長を続ける深圳の衛星都市として発展してきた。とくに20世紀末のパソコンなどの普及とともに、台湾企業をはじめとする外資企業が多く進出し、OA機器の集積地となった。東莞の中心である莞城、九広鉄路の駅がある常平鎮、アヘン戦争の史跡が残る虎門鎮、外資系企業が工場を構えている清渓鎮などからなる。

▲左　東莞駅の駅前、常平鎮にて。　▲右　広東省有数の名園と名高い可園

可園 可园 kě yuán カァユェン ［★☆☆］

可園は、莞城の東江のほとりにたたずむ清代の名園。順徳の清暉園、仏山の梁園、番禺の蔭山房とともに広東省の清代四大名園のひとつにあげられる。1851〜74年にかけてこの地の挙人が造営し、湖畔に嶺南様式の亭や楼閣が展開する。

【MEMO】

【地図】東莞の [★★☆]
- □ 東莞 东莞 ドンガン
- □ 虎門 虎门 フゥメン

【地図】東莞の [★☆☆]
- □ 可園 可园 カァユェン

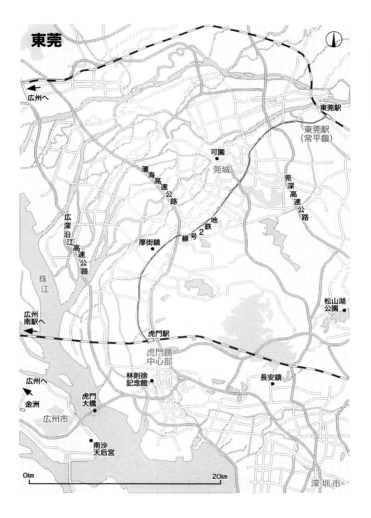

▲左 アヘン問題に強い態度でのぞんだ林則徐。 ▲右 河口部では、珠江の川幅は海のように広がる

虎門 虎门 hǔ mén フゥメン ［★★☆］

珠江河口部に位置する虎門は、海側から見て珠江が一気にせばまる珠江交通の要衝で、ここから広州までが内河と呼ばれていた。虎門には清代に備えられた威遠砲台、沙角砲台などの軍事施設が残り、またイギリスがもちこんだアヘンのとり締まりにあたった林則徐が、アヘンを焼却した場所に立つ虎門林則徐記念館が見られる。

Guide, Kai Ping
開平
城市案内

CHINA
広東省

珠江デルタ西岸に位置する開平
海を渡った華僑によって建てられた
望楼と呼ばれる建築群が姿を見せる

開平 开平 kāi píng カイピン [★★★]
西江の支流が網の目のように流れる江門市に位置する開平。歴史的に水害や匪賊の被害を受け、広東省でも貧しい土地柄として知られてきた。こうしたところから、19世紀になってアメリカでゴールドラッシュがはじまると開平の多くの人々は一攫千金を夢見て、華僑として海を渡った（現在でも開平の人口と同数の、開平出身華僑が海外で生活しているという）。海外で成功した人々のなかには、故郷に送金し、あるいは望楼と呼ばれる住宅を建てることで故郷に錦をかざる者もあった。治安の悪さから、望楼は強固なつくりとなっ

▲左 海外で成功した華僑が故郷に建てた望楼。 ▲右 西欧と中国の様式が混じった建物がならぶ立園

ていて、華僑の人々が暮らした西欧の建築様式がとり入れられている。現在、開平の望楼群と村落として世界遺産に指定されている。

自力村 自力村 zì lì cūn ツゥリィチュン [★★☆]

1800の望楼が残ると言われるなか、自力村の望楼群は開平屈指の美しさで知られる。高さ19mの銘石楼はじめ、15座の望楼が立ち、この村で暮らす人々の生活も見られる。自力村という名前は、20世紀なかごろのスローガン、「自力更生、奮発図強（自ら困難を克服し、発奮して強化しよう）」に由

【地図】開平望楼群

【地図】開平望楼群の [★★★]
- [ ] 開平 开平カイピン

【地図】開平望楼群の [★★☆]
- [ ] 自力村 自力村ツゥリィチュン
- [ ] 赤坎古鎮 赤坎古镇チィカングゥチェン
- [ ] 馬降龍望楼群 马降龙碉楼群 マァシャンロンデァオロウチュン
- [ ] 錦江里望楼群 锦江里碉楼群 ジンジャンリィデャオロウチュン

【地図】開平望楼群の [★☆☆]
- [ ] 立園 立园リィユェン

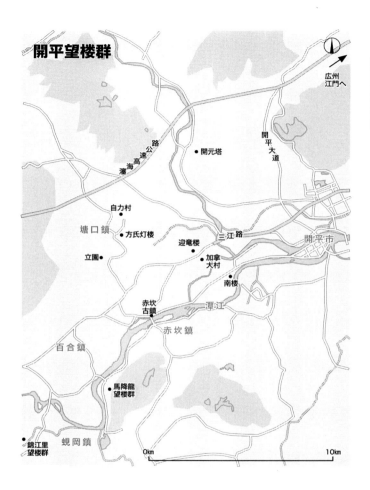

来する。

立園 立园 lì yuán リィユェン ［★☆☆］

自力村と同じ塘口鎮に位置する立園は、1936年、謝維立によって造営された私園。開平出身の謝維立は華僑として成功したのち、香港で貿易会社を設立して巨利を得た。この立園では西欧諸国と中国の建築様式を融合させた建物が見られ、博物館も併設している。

▲左　田園地帯に現れる望楼、自力村にて。　▲右　錦江里に立つ瑞石楼

赤坎古鎮 赤坎古镇 chì kǎn gǔ zhèn
チィカングゥチェン ［★★☆］

騎楼と呼ばれる華南特有の歩道が続く赤坎古鎮。潭江のほとりに広がる街並みは、清代以来の伝統をもつ。映画やテレビの撮影に使われる電視城も位置する。

馬降龍望楼群 马降龙碉楼群 mǎ xiáng lóng diāo lóu qún
マァシャンロンデャオロウチュン ［★★☆］

百足山の麓に広がる馬降龍望楼群。亜熱帯の植生がしげるなか、望楼が点在している。なかでも匪賊の攻撃に備えるため、

CHINA
広東省

村人たちがお金を出しあって建てた天禄楼が知られる(お金を出した家庭は、望楼内の部屋を割りあてられた)。

錦江里望楼群 锦江里碉楼群 jǐn jiāng lǐ diāo lóu qún
ジンジャンリィデャオロウチュン [★★☆]

「開平第一望楼」とたたえられる9階建ての瑞石楼が残る錦江里望楼群。村の背後に位置する高さ29.8mの瑞石楼から西に、5階建ての錦江楼、アメリカ華僑の黄氏による7階建ての昇峰楼がならぶ。

粤から珠江デルタへ

CHINA
広東省

首都北京から遠く離れた土地
北方とは大きく違う街の様子や人々のたたずまい
南海へ続く巨大文化圏、広東省の姿

粤と広東人

広東省の古名を粤と言い、古く中原からは南方の原住民、百越の暮らす野蛮な地と見られてきた(越のさらに南のベトナムは越南)。華北の主食が小麦なのに対して、華南の人々は米を主食とするなど、この地方は独特の文化を有している。広東人は南の原住民と戦乱などで南方に移住してきた人々との混血で形成され、北方の漢族にくらべて背が低く、丸顔といった特徴がある(移住集団のなかでも、客家は北方文化を保持し続けた)。またチワン族、ミャオ族などの少数民族は古代越族の文化を残していると言われる。

Guangdong 粤から珠江デルタへ

広東語の世界

広東省で話されている広東語は中国の七大方言のひとつで、北京語をもとにした普通語とは意思の疎通ができないほど違うとされる。中国では、北方から幾度となく異民族が侵入して王朝を樹立した歴史があり、そのたびに人々は南方に移住したことから、南方で話される広東語や福建語にはより古い中国語の語彙が保持されている。また川は北方では「河」、南方では「江」と表記されるが、河はモンゴル語系のyoolから、江はモン・クメール語系の kroung に由来するという。こうした広東語は、香港映画のセリフで知られるほか、広東人が

CHINA
広東省

多く華僑として海を渡ったことから、世界中のチャイナタウンでも話される言葉となっている。

改革開放がはじまった地

1949年の中華人民共和国成立後、この国では共産党主導による計画経済政策が進められてきた（私有財産が否定され、服や帽子が配給制になることもあった）。一方で資本主義のもと香港や台湾が飛躍的な経済発展をするなかで、中国経済は停滞していた。そのような状況で1978年に鄧小平が実権をにぎると、外国企業や資本主義の要素を導入する改革開

粤から珠江デルタへ

▲左　街角で将棋を打つ人々の姿も見られた。　▲右　広州の街を走るバイクタク

放が唱えられた。その最前線に選ばれたのは、北京から遠く離れ、香港やマカオに隣接する広東省や福建省の街。この地で改革開放がはじまると、香港に隣接する深圳、東莞、広州などは驚異的な速度で経済発展を遂げた。香港やマカオ、華僑などと広東省の人々が宗族ネットワークで結ばれていたこと、また香港を通じて西側の情報や文化が比較的入っていたことも成功の要因にあげられる。この広東省での成果を受けて、中国各地で資本主義の制度が導入されるようになった。

CHINA
広東省

華南経済圏へ

長らくイギリスの植民地であった香港は、司法制度や商習慣などで西側諸国に近く、中国への窓口となってきた（1997年に中国に返還され、特別行政区となった）。香港と隣接する深圳、また広州を扇の中心にして珠江デルタでは経済発展が続き、複数の都市が一体感を見せるようになっている。珠江デルタの強みは、優れた港湾などのインフラをもつこと、今後、経済発展がのぞめる東南アジアと、中国や台湾、日本を結ぶ位置にあること、また中国内陸部の労働力や購買力が見込めることにあると言われる。現在、珠江デルタを中心に、

▲左　珠江に架かる虎門大橋。　▲右　人々の情報感度はきわめて高い、広州の書店にて

広東省、香港、マカオ、海南省、福建省、台湾からなる巨大な華南経済圏をかたちづくっている。

Guangdong　粤から珠江デルタへ

参考文献

『広東省』(辻康吾 / 弘文堂)

『中国の歴史散歩 4』(山口修 / 山川出版社)

『中国の実験』(エズラ・F・ヴォーゲル / 日本経済新聞社)

『広州・開平と広東省 中国近代史の足跡をたどる』(荻野純一 / 日経 BP 企画)

『中國古鎮游』(「中國古鎮游」編輯部 / 陝西師範大學出版社)

『世界大百科事典』(平凡社)

[PDF] 広州地下鉄路線図 http://machigotopub.com/pdf/guangzhoumetro.pdf

[PDF] 広州白雲空港案内 http://machigotopub.com/pdf/guangzhouairport.pdf

[PDF] 広州地下鉄歩き http://machigotopub.com/pdf/metrowalkguangzhou.pdf

[PDF] 深圳地下鉄路線図 http://machigotopub.com/pdf/shenzhenmetro.pdf

まちごとパブリッシングの旅行ガイド

Machigoto INDIA , Machigoto ASIA , Machigoto CHINA

【北インド - まちごとインド】

001 はじめての北インド
002 はじめてのデリー
003 オールド・デリー
004 ニュー・デリー
005 南デリー
012 アーグラ
013 ファテープル・シークリー
014 バラナシ
015 サールナート
022 カージュラホ
032 アムリトサル

【西インド - まちごとインド】

001 はじめてのラジャスタン
002 ジャイプル
003 ジョードプル
004 ジャイサルメール
005 ウダイプル
006 アジメール(プシュカル)
007 ビカネール
008 シェカワティ
011 はじめてのマハラシュトラ
012 ムンバイ
013 プネー
014 アウランガバード
015 エローラ
016 アジャンタ
021 はじめてのグジャラート
022 アーメダバード
023 ヴァドダラー(チャンパネール)
024 ブジ(カッチ地方)

【東インド - まちごとインド】

002 コルカタ
012 ブッダガヤ

【南インド - まちごとインド】

001 はじめてのタミルナードゥ
002 チェンナイ
003 カーンチプラム
004 マハーバリプラム
005 タンジャヴール
006 クンバコナムとカーヴェリー・デルタ
007 ティルチラパッリ
008 マドゥライ
009 ラーメシュワラム
010 カニャークマリ
021 はじめてのケーララ
022 ティルヴァナンタプラム
023 バックウォーター(コッラム〜アラップーザ)
024 コーチ(コーチン)
025 トリシュール

【ネパール - まちごとアジア】

001 はじめてのカトマンズ
002 カトマンズ
003 スワヤンブナート

004 パタン
005 バクタプル
006 ポカラ
007 ルンビニ
008 チトワン国立公園

【バングラデシュ - まちごとアジア】

001 はじめてのバングラデシュ
002 ダッカ
003 バゲルハット（クルナ）
004 シュンドルボン
005 プティア
006 モハスタン（ボグラ）
007 パハルプール

【パキスタン - まちごとアジア】

002 フンザ
003 ギルギット（KKH）
004 ラホール
005 ハラッパ
006 ムルタン

【イラン - まちごとアジア】

001 はじめてのイラン
002 テヘラン
003 イスファハン
004 シーラーズ
005 ペルセポリス
006 パサルガダエ（ナグシェ・ロスタム）
007 ヤズド
008 チョガ・ザンビル（アフヴァーズ）
009 タブリーズ

010 アルダビール

【北京 - まちごとチャイナ】

001 はじめての北京
002 故宮（天安門広場）
003 胡同と旧皇城
004 天壇と旧崇文区
005 瑠璃廠と旧宣武区
006 王府井と市街東部
007 北京動物園と市街西部
008 頤和園と西山
009 盧溝橋と周口店
010 万里の長城と明十三陵

【天津 - まちごとチャイナ】

001 はじめての天津
002 天津市街
003 浜海新区と市街南部
004 薊県と清東陵

【上海 - まちごとチャイナ】

001 はじめての上海
002 浦東新区
003 外灘と南京東路
004 淮海路と市街西部
005 虹口と市街北部
006 上海郊外（龍華・七宝・松江・嘉定）
007 水郷地帯（朱家角・周荘・同里・甪直）

【河北省 - まちごとチャイナ】

---

001 はじめての河北省
002 石家荘
003 秦皇島
004 承徳
005 張家口
006 保定
007 邯鄲

【江蘇省 - まちごとチャイナ】

---

001 はじめての江蘇省
002 はじめての蘇州
003 蘇州旧城
004 蘇州郊外と開発区
005 無錫
006 揚州
007 鎮江
008 はじめての南京
009 南京旧城
010 南京紫金山と下関
011 雨花台と南京郊外・開発区
012 徐州

【浙江省 - まちごとチャイナ】

---

001 はじめての浙江省
002 はじめての杭州
003 西湖と山林杭州
004 杭州旧城と開発区
005 紹興
006 はじめての寧波
007 寧波旧城
008 寧波郊外と開発区
009 普陀山
010 天台山
011 温州

【福建省 - まちごとチャイナ】

---

001 はじめての福建省
002 はじめての福州
003 福州旧城
004 福州郊外と開発区
005 武夷山
006 泉州
007 厦門
008 客家土楼

【広東省 - まちごとチャイナ】

---

001 はじめての広東省
002 はじめての広州
003 広州古城
004 天河と広州郊外
005 深圳(深セン)
006 東莞
007 開平(江門)
008 韶関
009 はじめての潮汕
010 潮州
011 汕頭

【遼寧省 - まちごとチャイナ】

---

001 はじめての遼寧省
002 はじめての大連
003 大連市街
004 旅順
005 金州新区

006 はじめての瀋陽
007 瀋陽故宮と旧市街
008 瀋陽駅と市街地
009 北陵と瀋陽郊外
010 撫順

【重慶 - まちごとチャイナ】

001 はじめての重慶
002 重慶市街
003 三峡下り（重慶〜宜昌）
004 大足

【香港 - まちごとチャイナ】

001 はじめての香港
002 中環と香港島北岸
003 上環と香港島南岸
004 尖沙咀と九龍市街
005 九龍城と九龍郊外
006 新界
007 ランタオ島と島嶼部

【マカオ - まちごとチャイナ】

001 はじめてのマカオ
002 セナド広場とマカオ中心部
003 媽閣廟とマカオ半島南部
004 東望洋山とマカオ半島北部
005 新口岸とタイパ・コロアン

【Juo-Mujin（電子書籍のみ）】

Juo-Mujin 香港縦横無尽
Juo-Mujin 北京縦横無尽
Juo-Mujin 上海縦横無尽

【自力旅游中国 Tabisuru CHINA】

001 バスに揺られて「自力で長城」
002 バスに揺られて「自力で石家荘」
003 バスに揺られて「自力で承徳」
004 船に揺られて「自力で普陀山」
005 バスに揺られて「自力で天台山」
006 バスに揺られて「自力で秦皇島」
007 バスに揺られて「自力で張家口」
008 バスに揺られて「自力で邯鄲」
009 バスに揺られて「自力で保定」
010 バスに揺られて「自力で清東陵」
011 バスに揺られて「自力で潮州」
012 バスに揺られて「自力で汕頭」
013 バスに揺られて「自力で温州」

【車輪はつばさ】
南インドのアイラヴァテシュワラ寺院には建築本体に車輪がついていて寺院に乗った神さまが人びとの想いを運ぶと言います。

・本書はオンデマンド印刷で作成されています。
・本書の内容に関するご意見、お問い合わせは、発行元の
　まちごとパブリッシング info@machigotopub.com までお願いします。

まちごとチャイナ
広東省001はじめての広東省
〜「珠江デルタ」と開平［モノクロノートブック版］

2017年11月14日　発行

著　者	「アジア城市（まち）案内」制作委員会
発行者	赤松　耕次
発行所	まちごとパブリッシング株式会社 〒181-0013　東京都三鷹市下連雀4-4-36 URL http://www.machigotopub.com/
発売元	株式会社デジタルパブリッシングサービス 〒162-0812　東京都新宿区西五軒町11-13 清水ビル3F
印刷・製本	株式会社デジタルパブリッシングサービス URL http://www.d-pub.co.jp/

MP118

ISBN978-4-86143-252-1 C0326　　　　Printed in Japan
本書の無断複製複写（コピー）は、著作権法上での例外を除き、禁じられています。